ÉTUDES ÉCONOMIQUES

Extraites du *Génie Civil*

Joseph IMBS

INGÉNIEUR

PROFESSEUR AU CONSERVATOIRE DES ARTS ET MÉTIERS

PARIS

Imprimerie et Librairie administratives et des Chemins de fer

PAUL DUPONT

41, RUE JEAN-JACQUES-ROUSSEAU

1886

ÉTUDES ÉCONOMIQUES

Extraites du *Génie Civil*

Joseph IMBS

INGÉNIEUR

PROFESSEUR AU CONSERVATOIRE DES ARTS ET MÉTIERS

PARIS

Imprimerie et Librairie administratives et des Chemins de fer

PAUL DUPONT

41, RUE JEAN-JACQUES-ROUSSEAU

1886

ÉTUDES ÉCONOMIQUES

LA SITUATION INDUSTRIELLE EN FRANCE

I

Depuis quelques années notre situation industrielle est devenue l'objet de certaines préoccupations de la part de nos hommes politiques. L'équilibre de nos budgets devenu plus difficile, les chiffres de statistique de nos relations commerciales accusant des tendances inquiétantes, donnèrent l'éveil. Récemment, l'attention des pouvoirs publics s'est trouvée plus particulièrement attirée sur cette question par des faits plus accentués et plus directs, par des plaintes nettement formulées.

L'enquête parlementaire qui a été faite a été la résultante d'opinions vagues, encore indéterminées, mais devenues générales, relativement aux origines d'un certain malaise de nos populations ouvrières. Ce malaise, signalé, trouvait-il son unique explication dans des causes temporaires, accidentelles, telles que celles qùi peuvent passagèrement affecter ou faire varier dans une certaine mesure l'activité productrice d'un pays ? Il était permis d'en douter. Évidemment, en décidant cette enquête dans l'intérêt de nos populations ouvrières, le

Parlement avait le sentiment qu'il pouvait exister à ce malaise quelques causes plus profondes, plus durables, peut-être même des causes susceptibles de s'aggraver dans l'avenir.

Sans doute, nous devons espérer de cette enquête des éclaircissements utiles, des vues fraîches et précises sur bien des points intéressants de nombreuses industries. Sans doute même des nombreux documents de détail qu'elle a recueillis, il sera possible de dégager les lois générales utiles à mettre en évidence. Mais là sera précisément le point délicat. Les chiffres, même ceux d'une statistique rigoureuse, se groupent, se rapprochent ou s'opposent avec une facilité parfois désolante, selon les tendances préconçues ou instinctives de celui qui les manie, pour aboutir à des conclusions d'apparence également probante dans des sens opposés. Il n'est donc peut-être pas inopportun de rappeler ici quelques vérités fondamentales en matière industrielle. Cela est d'autant plus utile que le développement naturel d'activité et de prospérité qui a accompagné la création et le développement des chemins de fer, a fait illusion et créé une confusion, en couvrant l'effet particulier de certaines modifications qui se produisaient en même temps dans notre régime industriel. C'est ainsi que l'on a été amené à faire honneur au second empire et aux idées politiques et économiques qu'il mettait en pratique, de la grande prospérité matérielle qui a caractérisé ce quart de siècle, tandis que cette prospérité n'était qu'un fait simultané, mais indépendant de cette politique et de cette économie. Ce fait, en réalité, n'était que le résultat de causes exceptionnelles qui, à ce moment, produisaient leur effet dans le monde entier ; notre pays n'a eu que sa part d'un accroissement de richesses qui était général, et c'est se méprendre étrangement que de ne voir, au sujet de la France, que la politique économique très discutable qu'elle a suivie, et d'oublier les progrès et les bienfaits de la science dont le monde récolte les fruits en tous ses points.

Mentionner certaines vérités fondamentales en matière industrielle, est un but d'actualité dans ce moment critique. La discussion des intérêts matériels du pays est trop souvent déviée de ses voies naturelles par des influences qui devraient y rester étrangères. C'est pourquoi nous serions heureux que les simples considérations, que la fréquentation de bien des industries françaises et étrangères nous obligent à rappeler, pussent apparaître sous leur vrai jour, en pleine clarté, et être de quelque aide, dans cette recherche des causes d'un malaise qui est réel, et dans celle des mesures aptes à y remédier.

Ce malaise est parfaitement réel, nous nous hâtons de le reconnaître ; nos populations ouvrières souffrent en bien des points du pays, voient leur champ de travail se restreindre, une fraction des leurs, parfois, mise aux loisirs forcés d'un congé dont elle ne connaît pas la fin. Nous ajoutons que, pour nous, ce malaise n'est probablement qu'à son début. Nous sommes de ceux qui pensent qu'il s'aggravera, que les premiers palliatifs employés pour y parer, comme la réexpatriation des ouvriers étrangers, n'apporteront qu'un soulagement momentané, et que le malaise reviendra croissant et frappant directement nos ouvriers français.

Chacun, en effet, commence à s'apercevoir ou à pressentir que l'ère de prospérité facile que le monde vient de parcourir tire à sa fin. Après l'âge d'or de l'industrie, après les grands travaux publics utiles, dont l'exécution a été la source d'une activité exceptionnelle, après la mise en valeur de tant de régions et de tant de produits écartés ou excentrés, et l'accroissement formidable de richesse générale qui en est résulté, après l'entraînement vers la dépense de luxe et de superflu, qui est la conséquence d'une prospérité facile et large, viendra une réaction naturelle. L'absence ou la diminution de grands travaux publics fructueux presque terminés, le nivellement presque complètement réalisé de la valeur des mêmes produits sur tous les points du sol, la concurrence extrême de toutes les productions, rapprochées par la facilité des transports, mènent rapidement le monde à une ère de caractère inverse, dans laquelle de nouvelles prospérités seront aussi rares et difficiles qu'elles étaient fréquentes et aisées auparavant. La consommation se resserrera, deviendra plus timide ou plus sérieuse. L'élan de son accroissement constant, qui soutenait l'essor industriel, sera arrêté ou ralenti, et il deviendra indispensable de ménager prudemment toutes les sources d'activité pour éviter aux classes laborieuses une situation d'autant plus critique qu'elle serait générale, tout en affectant un caractère d'intensité plus marquée pour les industries de luxe qui ont pris chez nous le pas sur toutes les autres. Aussi peut-on craindre que cette évolution, qui aura son effet dans le monde entier, ne soit plus grave et ne soit plus menaçante pour notre pays que pour tout autre.

Chose singulière, les pouvoirs publics ne se sont émus, ne se sont mis en mouvement d'enquête qu'en entendant les plaintes s'élever des rangs ouvriers.

C'est l'ouvrier, pour le bien duquel nos législateurs ont cru tant faire depuis vingt-cinq ans, qui, à l'heure qu'il est, élève la voix, réclame, proteste et se plaint, sans comprendre d'où vient son mal ; tandis que l'industriel lui-même, le patron, se tait et se lève à peine pour défendre les intérêts communs. C'est qu'il faut bien le dire, ce dernier croit être certain de protester en vain, de voir ses réclamations inécoutées ; il se résigne, s'incline devant les faits qu'il ne peut empêcher.

Les vieilles fortunes industrielles, acquises autrefois, ont d'ailleurs servi de tampon, amorti les coups et maintenu pendant un temps l'ouvrier à l'abri d'un dommage direct.

Mais, aujourd'hui, l'ouvrier commence à supporter directement les conséquences des erreurs commises, de l'équilibre industriel détruit ; il souffre à son tour.

Nos populations industrielles se trouvent, en effet, enserrées dans ce dilemme, prévu, fatal : d'une part, le renchérissement de l'existence et l'accroissement des besoins fictifs ; d'autre part, le déclin menaçant des industries qui les faisaient vivre.

Ce dilemme, dont nous énumérons les termes, résume en fait tout le phénomène de gravitation dont les conséquences générales commencent à apparaître.

De ces deux termes, le plus extraordinaire est bien certainement le premier : le renchérissement de l'existence. Depuis près de trente ans, nos gouvernements ne sem-

blaient, en effet, avoir en but que le but opposé, et
l'abaissement du prix des objets de consommation était
le résultat promis officiellement : traités de commerce
et réduction des tarifs de douanes, création de chemins
de fer et canaux se ramifiant en tous les points, ports
agrandis et améliorés pour faciliter l'arrivée des produits étrangers qui devaient nous apporter la vie à bon
marché, tout a été fait pour ce but, et ce tout n'a eu
qu'un résultat contraire au but. Sans doute, il faut tenir
compte d'une dépréciation constante des métaux pré-
cieux, de la monnaie ; sans doute aussi l'accroissement
et la multiplication de la monnaie fiduciaire a ajouté
son effet à cette dépréciation. Mais ces deux influences
ont agi en tous pays, et en aucun on ne saurait cons-
tater un aussi rapide et considérable renchérissement
que celui qui s'est produit dans le nôtre. En ce qui concerne les produits manufacturés notamment, on assiste
à un phénomène étrange. Tandis que les produits de
l'industrie, en général, descendent graduellement l'é-
chelle des prix dans les usines mêmes, les produits
finis n'arrivent au consommateur qu'en suivant une
progression inverse constante. Industries secondaires
achevant l'adaptation du produit primitif, intermédiaires mettant ce produit à la portée du consommateur, absorbent au double, au triple, les réductions ar-
rachées à l'industrie première. Il n'est pas rare de voir
tel produit n'être obtenu par ce consommateur qu'à 200
et 300 °/₀ du prix perçu par le producteur, et cela même
sans aucune transformation intermédiaire. En même
temps, l'abaissement de qualité intrinsèque du produit,
malgré son apparence flatteuse, est tel, souvent, que la
quantité nécessaire s'en accroît rapidement, et le con-

sommateur, au lieu de trouver un soulagement et cette diminution promise et attendue, ne voit venir qu'une aggravation constante de ses charges.

En même temps se produit l'augmentation des besoins fictifs. Tels produits qui ne répondent par eux-mêmes qu'à une fantaisie, qui ne sont ni utiles ni bienfaisants, qui pourraient être taxés parfois de nuisibles et qui n'allaient qu'à une classe limitée de consommateurs, sont devenus d'un usage général, dominant, quel qu'en soit l'accroissement de prix et l'abaissement de qualité. Les besoins fictifs de toute nature, qui n'ajoutent rien au bien-être, à la santé, envahissent de jour en jour l'existence, y jouent un rôle dilapidatoire, ajoutant, pour la masse des consommateurs peu aisés, un accroissement proportionnel au renchérissement de l'existence propre.

On pourrait, nous le reconnaissons, fermer les yeux sur ces deux faits, si du moins l'activité industrielle suivait une progression parallèle, si sa prospérité était pour l'ouvrier cette garantie de rémunération toujours suffisante, qui, seule, pourrait lui donner la stabilité désirable dans sa situation.

Malheureusement, il est impossible de nier que, de plus en plus, notre industrie est resserrée, menacée non seulement dans ses intérêts, en tant que réelle prospérité, mais jusque dans la possibilité de son existence. Cela semble, en France, à bien des gens, être chose absolument indifférente. On ne peut ouvrir un journal sans y trouver l'éternel bien-être du consommateur mis en avant, isolé, et servant de prétexte à des raisonnements sans fin sur les soi-disant saines doctrines économiques, et l'on est comblé d'étonnement en voyant la distinction subtile que presque tous nos écrivains, journalistes surtout, font incessamment entre le producteur et le consommateur. Ils sont vraiment rares ceux qui s'aperçoivent que ces deux fonctions se trouvent réunies toujours dans le même individu. Peut-être faut-il attribuer cette erreur, inexplicable de la part de ces écrivains, à un sentiment de conscience instinctive plus fort que tout raisonnement. Car tout homme juge les autres à sa propre mesure ; se rendant instinctivement compte qu'ils ne produisent rien, ils en déduisent sans doute que, comme eux, un grand nombre de citoyens ne sont que consommateurs; cette classe leur paraît sans doute de beaucoup la plus intéressante, puisqu'ils en font partie, la seule intéressante même. Pour nous, l'exception d'un petit nombre de citoyens perdus dans l'ensemble ne change pas le fait : le producteur et le consommateur ne font qu'un. Artisan, agriculteur, paysan, ouvrier, industriel, commerçant ou ingénieur, avocat ou médecin, tout citoyen quelle que soit sa profession, est en même temps producteur et consommateur.

Le rentier seul n'est pas producteur : encore l'est-il indirectement, car ses rentes elles-mêmes sont le résultat d'une production, à laquelle il concourt par son capital. Nous ajoutons même que, en ce qui concerne l'objet qui nous occcupe, la classe de consommateurs la moins aisée, dont nous envisageons ici les intérêts, est précisément et en même temps celle des producteurs les plus évidents, si bien que l'on est convenu de l'appeler la classe laborieuse, parce que son travail et sa production matériellement tangibles sautent aux yeux de tous.

Ainsi que nous l'avons constaté, des faits considérables, indéniables dans leurs conséquences, sont venus mettre en quelque sorte au pied du mur nos industries, celles surtout qui méritent la considération la plus sérieuse ; nous voulons dire les grandes industries utiles qui correspondent aux produits utiles eux-mêmes et qui sont, à notre époque, pour un pays, à la fois un besoin et une force indispensables. Pour elles, être ou ne pas être, est la question qui se pose et, en suivant certaines pentes, certains courants d'idées qui nous entraînent depuis quelque temps, cette question serait tranchée fatalement à terme plus ou moins proche.

Sans doute, nous le reconnaissons, l'activité commerciale est extrême et a un degré d'intensité qui ne s'est jamais vu, et les produits divers circulent dans le monde entier avec une fiévreuse agitation inconnue jusqu'ici. Mais est-ce bien toujours pour le profit du pays, c'est-à-dire de la collectivité des êtres à double fonction de producteur et de consommateur qui le composent?

Il est évident que l'on ne distingue pas assez l'activité commerciale de l'activité industrielle.

II

Le but poursuivi, ou du moins avoué en 1860, quand le législateur a ouvert presque librement les portes de la France aux produits étrangers, but consistant à procurer au consommateur à aussi bas prix que possible les produits manufacturés nécessaires, ce but devait évidemment être un leurre déplorable, s'il n'était atteint qu'au détriment de l'activité industrielle du pays.

En effet, il est bien clair qu'une grande usine qui opère dans le pays une transformation de produits, représentant une somme annuelle considérable, est plus intéressante, plus importante pour la prospérité du pays, que le comptoir du commissionnaire qui, aidé de quelques commis seulement, importera de l'étranger la même somme de produits, même à meilleur marché que l'usine ne peut les livrer. A qui ne le verrait pas, quelques chiffres bien simples le prouveront.

Prenons notre exemple dans une industrie utile, courante. Supposons une filature de coton produisant annuellement 2 millions de kilogrammes de filés, versés dans la consommation française pour une somme de 6 millions de francs. Cette filature verse par cela même et en même temps, par an, dans la bourse du consommateur, 1,600,000 francs, c'est-à-dire 800,000 francs en main-d'œuvre directe, et 800,000 francs en frais généraux ou main-d'œuvre indirecte, en admettant, ce qui devrait être, que l'usine ait été constituée par l'industrie du pays. Elle réussit en outre à faire produire à son capital un intérêt satisfaisant, soit d'environ 7 0/0 qui lui donne un profit annuel de 400,000 francs. Voilà 1,600,000 francs plus 400,000 francs ou 2 millions de francs dont le pays bénéficie annuellement.

En face de cette usine s'installe un commissionnaire. Trouvant à Manchester les mêmes filés à 12 1/2 %

meilleur marché, il en importe 2 millions de kilogr. achetés par lui à 750,000 francs de moins que 6,000,000 de francs, valeur de la même quantité que vendait la filature supposée. Sur ces 750,000 francs, il paie en Angleterre environ 100,000 francs en frais de transport, commissions, assurances, etc. ; les autres 650,000 francs se partageront environ en 400,000 francs, droits de douane, 50,000 francs de frais généraux, 50,000 francs son bénéfice, et 150,000 francs donnés au consommateur en un abaissement de prix de vente de 2 1/2 %. Le consommateur a profité directement de ces 150,000 francs et le pays a profité dans son ensemble de 650,000 francs.

Mais voilà l'usine fermée, ou, si l'on veut mettre tout au mieux, elle est réduite simplement, pour pouvoir concourir, à un prix de vente qui ne lui laissera plus que 250,000 francs de marge annuelle possible. Or, cela revient au même, car cette marge maximum possible représente 4 % du capital engagé, taux auquel on ne peut raisonnablement demander qu'un industriel taxe son capital, son travail et son risque, tout à la fois. L'usine continuera peut-être de marcher jusqu'à usure finale, elle ne se renouvellera pas à ce moment. A terme ou immédiatement, c'est pour nous, une usine fermée. Le pays aura donc échangé un revenu annuel de 2 millions de francs, contre un autre de 650,000 francs, et quoique le consommateur ait paru bénéficier annuellement de 150,000 francs, rabais acquis sur les produits consommés, le pays ou la bourse de l'ensemble des consommateurs a subi une perte sèche annuelle de 1,350,000 francs.

Prenons un second exemple dans la construction des machines.

Voici une usine qui, en bâtiment, outillage, installations et capital de roulement, exige l'immobilisation de 3 millions de francs; elle fait en machines de filature et tissage, pour environ la même somme annuelle de produits livrés à l'industrie française, sur lesquels elle récolte un intérêt annuel de 7 1/2 %, soit 225,000 francs. Le reste, si les matières premières ont été prises dans le pays, s'est dépensé par environ 40 % en main-d'œuvre directe, et par 60 % en main-d'œuvre indirecte ou matière et [frais généraux. Le pays profite annuellemént de 3 millions de francs. Une maison anglaise, produisant ces mêmes machines à 30 % de moins, installe son agent en face de cette usine. Elle emporte les commandes du filateur ou du tisseur, moyennant un rabais de 10 % sur le prix du constructeur français, paie 5 % à son agent supposé français, paie 6 % de droits de douane, dépense encore environ 2 % en transports sur voies françaises. Le pays, sous la forme du filateur ou tisseur pour le rabais, de l'agent pour la commission, du Trésor pour les droits de douane, du chemin de fer pour le transport, aura bénéficié de 23 % sur les 3 millions de francs, soit 690,000 francs; mais l'atelier de construction vaincu se ferme, et une source d'activité produisant au pays 3 millions de francs par an, se trouve tarie: perte sèche annuelle: 2,310,000 francs.

Ce que nous venons de rendre apparent pour l'industrie cotonnière, pour la construction des machines, nous le ferions apparaître aussi facilement pour la métallurgie et toute autre industrie.

On voit donc bien clairement que, comme on ne saurait concevoir un peuple de rentiers, si l'activité productrice, qui seule alimente la bourse du consommateur, venait à se ralentir, un certain abaissement, fût-il même obtenu à son profit sur quelques objets manufacturés, ne serait pour ce consommateur qu'une ridicule compensation.

Tout citoyen se trouve en face de son budget personnel; ouvrier ou patron, artiste ou artisan; il est dans une situation prospère si ses recettes excèdent ses dépenses, et va périclitant si l'inverse a lieu. Chercher à amoindrir quelque peu le passif de ce budget par des voies qui en compromettent l'actif, c'est agir contre l'intérêt général.

Ainsi, l'activité productrice est le point indispensable avant tout autre.

Nous ne ferons pas aux hommes d'État de notre pays l'injure de supposer qu'ils ont méconnu cette vérité élémentaire. Sans doute, supposant que le pays n'a pas d'aptitudes marquées pour certaines industries, ils en on prévu la ruine ou le déclin, et ils ont dû se dire que certaines sources d'activité, venant à tarir, seraient remplacées par d'autres, et ils ont pu espérer même que celles-ci seraient plus avantageuses.

Nous avons supposé tout à l'heure la disparition d'une filature de coton de 100,000 broches, amenant pour le pays une perte sèche annuelle de 1,350,000 fr. par l'importation annuelle de 2 millions de kilogr. de

produits de coton, venus de l'étranger avec un avantage de prix apparent. Le pays, dit-on, a fait des
échanges avantageux.

Il aura exporté, par exemple, ses vins, ses bestiaux,
ses fruits, etc., qui auront comblé le déficit, et qui,
atteignant une plus-value importante, compenseront,
pour l'agriculture, la perte subie par l'industrie. D'autres
productions industrielles auront, en outre, profité de
cette perte. Ce seront, par exemple, les soieries mélan-
gées de Lyon, les rubans à bon marché de Saint-
Étienne, dont la production y aura trouvé certaines
facilités, et aura reçu un élan de développement.

Oui, au premier abord, il y a compensation ; il peut
même y avoir, en apparence, pleine compensation en
chiffres, et la balance du commerce ne traduira aucun
symptôme fâcheux.

Mais en ce qui concerne la première classe de produits exportés citée ci-dessus, celle des produits agricoles, ce sont des produits de première nécessité. Il
est permis de penser que ce n'est pas le sacrifice fait
par nous d'une certaine industrie au profit de l'étranger
qui nous vaut sa demande de tels produits, mais bien
tout simplement le propre besoin qu'il en a. Ces produits lui sont nécessaires puisqu'il en manque ; il nous
les demandera à nous plutôt qu'à d'autres, tant que
nous les lui offrirons plus avantageusement, à
plus bas prix ou meilleurs que d'autres. D'ailleurs ces produits sont de première nécessité
pour nous comme pour cet étranger ; la plus-value
qu'ils auront acquise par cet appel du dehors aura
frappé l'existence de la généralité des consommateurs

français d'un renchérissement proportionnel, et la compensation qu'aura trouvée le pays au sacrifice d'une portion de son activité industrielle sera illusoire.

En ce qui concerne la série des produits industriels dont la production aura reçu un élan de ce sacrifice consenti, et devra compenser celle qui disparaît, nous devons examiner sa nature avant de nous louer de ce sacrifice ; nous devons voir si elle donne à la bourse du consommateur les mêmes garanties de profit, de stabilité dans les ressources, de prospérité régulière que celle qui a disparu. Nous n'entendons nullement ici viser en particulier les industries que nous avons nommées tout à l'heure. Nous ne les avons prises qu'à titre d'exemple, au hasard, et pour donner un corps à un raisonnement qui a un caractère général. Mais quels que soient les exemples choisis, nous tombons ici, en ayant abandonné une industrie de fond, dans une certaine incertitude quant à la valeur intrinsèque des éléments d'activité perdus d'un côté et de ceux gagnés de l'autre. Nous devons nous demander finalement ceci :

Suffit-il que notre activité productrice subsiste en s'étant transformée ? Est-il indifférent qu'elle soit portée dans une direction quelconque ?

C'est ce que nous ne pensons nullement.

Selon nous, il ne suffit pas que des hommes politiques prévoyants aient toujours en vue cette nécessité inéluctable pour un pays « travailler et produire » ; il faut encore qu'aucun mirage étranger, qu'aucune perspective fallacieuse ne leur fassent oublier les intérêts qui résultent de cette autre nécessité « produire surtout l'utile ».

2

III

L'industrie est souvent l'objet d'accusations jalouses. Quand l'agriculture manque de bras, sa première tendance est d'accuser l'industrie de les absorber. Certes, la mise en production fertile du sol est la première richesse d'un pays, et l'agriculture mérite, en première ligne, toute considération. S'il n'est pas possible de la protéger dans le sens douanier, vu le caractère de première nécessité de ses produits, dont l'insuffisance possible doit toujours pouvoir être comblée immédiatement par des importations libres de toute charge, du moins faut-il prêter un appui attentif à tous ses besoins. Toutefois, le reproche qu'elle est portée à faire à l'industrie n'est point fondé, mais à de certaines conditions seulement, dont la première est que ces bras soient absorbés pour un but sérieux, équivalent en importance, en sécurité, en régularité pour le bien-être général. Toute attraction laborieuse, toute concurrence d'activité ayant un but utile, profite à la prospérité réelle d'un pays. Ce qu'il faut regretter, c'est l'attraction excessive du travail national vers un but de superflu, d'inutilités, de besoins fictifs ou de convention. Ce qu'il faut regretter surtout, c'est l'attraction paresseuse et corruptrice qui est la conséquence directe de la précédente. Nous ne voyons cette dernière que trop effective, amener dans nos villes cette multiplication effrénée de professions interlopes, marchands de vin, cabaretiers, commerçants en jeux et plaisirs de bas étage, qui ruinent la santé publique autant que la morale publique.

Noüs sommes, dit-on, souvent supérieurs pour les produits de goût, de luxe, de fantaisie. C'est là que nous excellons, qu'est notre aptitude marquée, qu'il faut nous porter, avant tout, pour trouver profit et gloire. Partant de ce principe, tous les encouragements, toutes les facilités, tous les honneurs, tous les efforts de diffusion sont réservés à l'industrie artistique. Tandis que l'industrie utile porte des charges qui, pour elle, sont disproportionnées, tandis qu'elle n'est protégée que par les tarifs abaissés, et doit être réduite légalement au strict quantum indispensable pour ne point périr d'inanition, cela sous le prétexte du bien-être du consommateur, dans le même temps, aucun moyen, aucune dépense, aucun effort ne semblent exagérés pour imprimer à l'industrie décorative une impulsion croissante. Sans être l'ennemi des arts, il est permis de déplorer de telles tendances, de les considérer comme dangereuses.

Si glorieuse, si brillante que puisse être cette supériorité artistique, et même si avantageuse en résultats financiers momentanés, nous pensons qu'il n'est point sage, pour le bien du pays, de lui faire prendre le pas sur toute autre, et que le domaine artistique ne doit occuper qu'une place limitée dans l'activité industrielle d'un pays bien équilibré. Tant d'excitations à nous porter dans cette voie sont, d'ailleurs, plus qu'inutiles, puisque nos tendances naturelles nous y portent.

Cette visée constante, exclusive, vers la production du beau, du riche, de l'élégant, de l'artistement décoré, a ses conséquences fatales. En effet, une telle produc-

tion paraît d'abord n'être réglée par aucune loi économique précise, et n'être dominée que par le caprice et
la fantaisie d'un certain consommateur. Un objet de
goût, qui a en outre quelque caractère de nouveauté,
n'a pas de cours. Pour lui, le prix de revient s'efface,
quel que soit le salaire payé, quelle que soit même la
primitivité industrielle des moyens d'exécution ; pourvu
que l'objet produit plaise, cela suffit, croit-on; il se
paiera avec profit. Une telle voie, nous le pensons,
est un voie industrielle dangereuse. Avec une telle
visée dominante, l'industriel s'endort sur la question
des moyens d'exécution et de l'outillage, l'ouvrier s'endort sur l'oreiller de son mérite spécial, qui lui vaut
momentanément de gros salaires, qu'il dépense en
bombances, qui amènent les besoins fictifs et les théories sociales fantastiques, lesquelles se propagent au
pays tout entier et achèvent de ruiner la production
utile, la véritable industrie qui, enserrée dans des conditions mathématiques, dans une concurrence courante,
ne peut comporter de telles conditions de travail.

D'ailleurs, si nous isolons quelques industries capi-
tales, comme la confection, qui, tout en touchant au luxe,
sont de nécessité, quant au fait, où est l'avenir, comment
se dessine-t-il, dans une telle voie? L'industrie soi-
disant artistique a-t-elle devant elle un champ illimité
de nouveautés renouvelées? Le cycle de l'art lui-même
est-il illimité? Qui oserait le croire, surtout à notre époque,
où nous voyons tous les beaux-arts, musique, peinture,
statuaire, architecture, se multipliant, mais réduits le
plus souvent à faire du neuf avec la combinaison de
vieux éléments? Le champ de consommation est-il

illimité aussi dans une telle voie est-il constant et, sérieusement solide, capable d'assurer la prospérité régulière d'un pays? Avons-nous le monopole du goût et du sentiment du bon et du beau, comme un don exclusif fait à notre race par grâce divine? Le beau, l'élégant, le nouveau, peuvent-ils compenser tout, dominer tous les besoins de l'humanité? Ce seraient là à coup sûr des prétentions inadmissibles. Nous pensons que, engagés à fond dans cette voie, nous irons à une défaite certaine. Nous pensons en outre que c'est vouloir nous attribuer un rôle extrê-mement dangereux et précaire, que de vouloir faire de nous les fournisseurs de luxe du monde entier.

Les fluctuations de la mode, sur lesquelles tant de nos industries basent leurs mouvements, qu'elles provoquent par des moyens artificiels, sont un terrain mouvant et creux qui peut se dérober un jour. Les coups de fouet que, pour faire marcher nos affaires, nous donnons incessamment au luxe du monde entier, comme à un cheval rétif et fatigué, sont un moyen de prospérité fictive qui s'usera.

D'ailleurs, quels que soient nos efforts pour créer annuellement de nouvelles courbes ou sculptures pour nos meubles de luxe, de nouveaux dessins pour nos riches étoffes, de nouveaux effets de décors pour nos objets de fantaisie, les modèles bien réussis resteront rares et imitables. Pendant que, absorbés par ces créa-tions, qui ne seront point d'ailleurs un monopole, nous perdons de vue le côté économique du produit, l'étranger se préoccupe, lui, de ce point de vue avant tout autre. Quelle que soit la science de ces courbes, elles trouveront à se faire exécuter par des outils ou des moyens mécaniques; quelles que soient la beauté, la complication de ces dessins, l'élégance combinée de ces décors, elles se reproduiront à bas prix relatif au dehors, et ces produits de goût « hors cours » rentreront, un à un, dans le domaine des lois de l'industrie moderne, qui sont les lois économiques mêmes, et qui auront, quoi qu'on fasse, le dernier mot. Le prix de revient, l'économie obtenue par la production répétée d'un même objet, par la division et l'organisation du travail en usines, par un outillage perfectionné, par une main-d'œuvre stable, sérieuse, consciencieuse, modeste et modérée, à laquelle on aura donné son maximum de capacité productive par la spécialisation, cet élément dominera bientôt, quoi qu'on fasse, la production soi-disant artistique, comme il domine, la production industrielle proprement dite. Ce qu'il restera alors de plus net à notre pays de cette impulsion exclusive reçue vers l'industrie de luxe, ce seront la perturbation dans les mœurs, l'exagération dans les besoins et les prétentions, l'incapacité pour un travail plus astreignant et plus ingrat.

Nous arrivons donc à cette double conclusion :

L'activité industrielle est indispensable à la prospérité d'un pays, et la grande industrie utile doit former le fond, le principal objectif de cette activité ; elle doit être sauvegardée comme la base indispensable d'une saine vitalité industrielle.

Mais, pour que cette activité de la grande industrie utile puisse exister, il lui faut les moyens de trouver sa prospérité. Une industrie sans profit végète, est délais-sée; faite à perte, elle ne se conçoit pas et prend fin à bref délai. En France, plus encore qu'ailleurs, il faut à l'industrie, pour être attractive, un résultat satis-faisant en perspective; car, par notre éducation même, l'esprit public tend à s'en désintéresser. Un capitaliste industriel n'est en réalité que le premier ouvrier de son usine, et il ne saurait évidemment faire de l'industrie pour l'amour de l'art ou la plus grande gloire de Dieu. Aucune force humaine ne fera donc que le capitaliste s'engage dans une industrie, sans considérer le résultat de son entreprise à un triple point de vue, comprenant : 1° l'intérêt de son capital, qu'il pourrait trouver à cer-tains taux ailleurs, en toute sécurité et sans rien faire ; 2° le risque qu'il court (il y en a toujours) à l'engager et à l'immobiliser dans une industrie; 3° la rémunéra-tion de son propre travail, qui, le plus souvent, exige une supériorité d'intelligence et d'instruction, au moins spéciale et appropriée, avec laquelle il faut compter encore.

Nous pouvons bien dire ici que le bénéfice industriel est trop souvent et trop facilement jalousé. Il n'y en a cependant aucun qui soit plus justifié, plus honorable ni mieux gagné, que celui réalisé par un capitaliste qui emploie ses forces financières et intellectuelles à une production utile, et fournit de travail une nombreuse et intéressante population. Pourquoi cette jalousie contre ce bénéfice mérité? La raison en est simple : il est plus apparent, plus visible que tout autre. Un industriel, même modestement prospère, est amené naturellement à consacrer ses bénéfices ou les économies que provoque son existence laborieuse au développement de son industrie. Son usine, située soit dans une ville, soit dans la campagne, est un édifice dont les yeux les plus indifférents voient les proportions, et lorsqu'elle s'agrandit, c'est au vu et su de tout le monde, et l'imagination du public ajoute encore parfois à la réalité. Dans le même temps, les bénéfices réalisés par des opérations commerciales ordinaires, par des services tout à fait secondaires, souvent douteux, rendus au pays comme simple intermédiaire, ces bénéfices, souvent beaucoup plus sûrs, plus considérables et plus faciles, disparaissent aux yeux, se perdant dans l'ombre de placements d'usage général, ou dans les caisses des banques où ils trouvent une application impersonnelle.

Quoi qu'il en soit, sans prospérité de l'entreprise industrielle, il ne saurait y avoir activité. Il faut donc se préoccuper, veiller, agir, pour rendre à l'industrie française son milieu, viable, sain, favorable, quelles que soient d'ailleurs les infériorités que lui créent sa situation et sa constitution géographique. Il faut bien reconnaître que, quant à présent, les conditions de vitalité, de prospérité de ce milieu sont loin d'être remplies.

IV

Nous, n'avons pas à analyser ici toutes les causes de la faiblesse primordiale de notre industrie, ne nous proposant de signaler au passage que les causes aggravantes qui s'accentuent depuis un certain temps et nous menacent plus immédiatement.

Parmi elles, la plus grosse des conséquences est certainement le développement de ces désastreuses perturbations morales auxquelles nous assistons, et cet état des esprits d'une trop grande portion de nos populations ouvrières, qui en sont arrivées à imaginer, à poursuivre comme possible, un régime industriel dans lequel l'ouvrier serait prospère, léger des épaules, sans soucis, mènerait une vie de bombances, agréable et distraite, pendant que le patron, dirigeant son industrie, dépenserait en pure perte son activité et son capital.

Loin de nous la pensée de contester à l'ouvrier français comme aux autres le droit de discuter ses intérêts, d'user de grèves ou d'autres moyens légaux pour améliorer sa situation à un moment donné. Encore faudrait-il que le moment et les conditions opportunes fussent compris, que les mouvements effectués le fussent dans une juste mesure, que l'aveuglement n'allât pas jusqu'à tout oubli du sens patriotique, que de justes revendications ne fussent pas mêlées à des théories ridicules. Quand nous assistons à de tels mouvements provoqués mal à propos, hors de mesure, par des meneurs intrigants, quand nous entendons acclamer les discours furibonds de ces meneurs, quand nous voyons l'ouvrier français tendre naïvement la main, par-dessus la frontière ennemie, à l'ouvrier étranger, pour lui demander aide et secours contre le patron français, quand nous voyons cet ouvrier étranger se donner hypocritement l'air de l'ami sympathique, par quelque appoint insignifiant, sous lequel se dissimule mal la joie d'aider l'industrie française à faire la besogne de sa propre ruine, alors vraiment nous doutons de l'avenir. Comment nos ouvriers peuvent-ils concevoir leur prospérité sans celle du capital et de l'intelligence directrice qui alimentent leur travail? Comment cette simple vérité n'est-elle pas en tête du catéchisme élémentaire de l'école primaire professionnelle?

Pas un mot sincère, pas un acte ami, ne viennent éclairer l'ouvrier français sur ses véritables intérêts qu'il méconnaît. Depuis que, devenu électeur, il joue sa part de rôle politique, les flatteries sont le pain quotidien qu'il reçoit. De tous côtés, c'est à qui lui souffle la devise : « Le plus de gain possible et le moins de travail possible ». C'est à qui veut paraître, à ses yeux, s'occuper de l'amélioration du sort de la classe ouvrière. De ce qui serait en soi, fait avec mesure et prudence, un but démocratique, noble, élevé, on fait un levier de succès politique personnel. Chacun prétend faire devancer dans cette voie, à son pays, le reste du monde entier, comme si ce pays pouvait faire la loi universelle, comme si la lutte pour la vie et la prospérité n'existait pas, quoi qu'on fasse, entre les races et entre les nations comme elle existe entre les individus!

Il est permis de douter de l'avenir quand on voit en même temps notre consommateur français, peu clairvoyant et peu patriotique, se jeter avec avidité sur la pacotille étrangère; quand, de son côté, notre commerçant français, en généra! tout aussi peu patriote, importe cette pacotille étrangère pour le plus mince avantage, car c'est trop souvent pour un centime de différence

tout compté, qu'on le voit porter à l'étranger ses commandes fructueuses, ce que nos tarifs douaniers lui
permettent trop facilement.

V

Nous ne pouvons ici examiner en détail la question
éminemment complexe de ces tarifs douaniers. Le
législateur de 1860 et de 1882, trop préoccupé de certaines économies apparentes pour le consommateur, se
faisant illusion sur les avantages de certaines compen-
sations, qu'il croyait être dépendantes des concessions
consenties, n'a-t-il pas en réalité dépassé la mesure
dans la voie de la liberté des transactions en matière
de produits fabriqués? Le résultat, qui ne pouvait
prendre de suite un caractère accentué, mais qui est aujourd'hui devenu sensible, trompe, en somme, les pré-
visions de notre législateur, et il n'y a pas lieu de s'en
étonner.

En mêlant des considérations politiques à la considération des intérêts matériels du pays, on pouvait
prévoir que ceux-ci seraient mal servis. En consultant
des chambres de commerce sur des questions industrielles, on pouvait prévoir qu'en général celles-ci
seraient sacrifiées. En introduisant dans les conseils du
gouvernement, pour de telles questions, certaines
notabilités commerciales, on devait supposer que les
solutions favorisant la prospérité commerciale prévau-
draient sur celles qui seraient favorables à la prospérité industrielle.

Or, convient-il de favoriser le commerce particulièrement et pour lui-même? Offre-t-il un intérêt direct? Ses tendances sont-elles d'accord avec celles de l'industrie et avec les besoins du consommateur? Ses conseils peuvent-ils être ceux que le bien du pays exige? Ce sont là des questions complexes auxquelles ne peuvent bien répondre que des principes. Ceux-ci confirment les exemples que nous avons donnés déjà.

Le mouvement des produits à travers le monde est un fait de gravitation et d'entraînement tout mécanique. Aussi les vraies lois économiques sont-elles les parallèles des lois mécaniques. Il faut les envisager en dehors de toute théorie abstraite, de toute formule libérale d'ordre politique ou philosophique. Les lois mécaniques nous montrent qu'il n'y a pas d'organe ou de fonction intermédiaire qui ne soit une absorption de force vive. *Plus est grand le nombre des rouages ou des organes intermédiaires, moins vaut la machine.* Dans l'organisme qui concerne les relations de la consommation et de la production, le commerce est l'ensemble des organes intermédiaires. Le développer pour lui-même, pousser à son activité propre, c'est, sans s'en apercevoir, ajouter à la somme d'efforts qu'a à produire le moteur de l'organisme qui est le consommateur. Ouvrir les barrières, agrandir nos ports, frayer de nouvelles voies de pénétration, pour faciliter les échanges commerciaux en eux-mêmes et le mouvement international des produits, c'est développer les pertes de forces vives en chargeant le moteur, c'est-à-dire le consommateur. Le commerce, qui ne crée rien, qui n'est qu'un adjuvant concourant à la mise en valeur d'un produit, qu'un palliatif corrigeant les conditions géographiques qui séparent le producteur d'un produit déterminé du consommateur de ce produit, est d'ordre secondaire et subséquent. Il a des intérêts différents, personnels et souvent opposés à ceux de l'industrie qui fait sortir le produit du néant informe pour le besoin du consommateur, et dont l'intérêt, qui est de premier ordre, est seul d'accord avec celui du consommateur.

Pour le commerce, l'idéal serait un pays qui, ne produisant rien de ce qu'il consomme, et ne consommant rien de ce qu'il produit, serait obligé d'exporter toute sa production et d'importer toute sa consommation. Accroître par tous moyens le nombre de mains et le nombre de lieux par lesquels passeront les produits avant d'arriver à terminaison et à consommation, est la tendance naturelle et instinctive du commerce. Que l'intensité des échanges soit portée à son maximum possible, et le commerce sera à son plus haut degré de prospérité possible.

Pour l'industrie, l'idéal serait au contraire un pays qui, produisant tout ce qu'il consomme, exporterait en outre un fort excédent de production, et n'aurait de commerce que pour l'écoulement de cet excédent.

Pour l'industrie, il faut le plus court chemin d'un point à un autre, la stagnation du produit pendant ses phases de transformation, la proximité du consommateur, le moins de mouvement et d'intermédiaires possible. L'intensité des échanges serait alors réduite à son minimum, mais le produit atteindrait pour le producteur le maximum de valeur possible, puisqu'il serait à la portée la plus directe possible du consommateur, qui, de son côté, le recevrait avec la moindre somme de frais.

Le commerce, en donnant les conseils qu'on lui demande à tort en matière industrielle, ne peut donc les donner que dans le sens de ses intérêts, c'est-à-dire, dans le sens de la pleine liberté et du développement des échanges internationaux, et, par conséquent, dans le sens du développement des forces vives perdues et en opposition avec les intérêts connexes du producteur et du consommateur.

Or, quelle qu'ait été l'intention, c'est bien là exactement ce qui a été fait. On a consulté le commerce sur des traités qui, pour s'appeler traités de commerce, n'en sont pas moins, avant tout, des traités industriels. On a cru à ses conseils, et on a été ainsi amené à le favoriser aux dépens de l'industrie et du consommateur. On s'est laissé séduire par des apparences, par le mirage de la richesse anglaises, correspondant à sa puissance commerciale. On a oublié que la formidable puissance commerciale anglaise ne fait que desservir une non moins formidable puissance productrice et qu'elle est motivée en outre par la plus puissante de toutes les industries anglaises, celle du fret, par laquelle l'Angleterre s'est faite le pourvoyeur du monde entier, et qu'ainsi le commerce anglais ne prélève pas ses frais et son bénéfice sur le consommateur anglais, mais bien sur celui du monde entier. On a donc cru le commerce susceptible de faire mieux que l'industrie pour le bien du pays. On l'a dégagé de certaines entraves, on lui a ouvert toutes les voies, ne ménageant ni efforts ni dépenses en sa faveur, le traitant comme un facteur direct de prospérité, tandis qu'il n'est qu'un rouage d'une utilité relative et conditionnelle, qu'un organe intermédiaire souvent très lourd, très onéreux, très avide, et indépendant de la prospérité réelle.

Il n'y a donc pas lieu de s'étonner si, en donnant un brevet d'utilité publique dominante au principe de l'échange, on est arrivé à une ère dans laquelle la prospérité des intermédiaires écrase le producteur et le consommateur.

VI

Tandis que, en France, on découvrait ainsi l'industrie au profit du commerce, une autre tendance bien marquée apparaissait en même temps. Nous voulons dire que, dans les mêmes intentions excellentes mais illusoires, on découvrait la grande industrie primaire au profit des industries secondaires et accessoires.

Cette dernière tendance mérite d'être discutée et examinée à l'aide de quelques exemples.

Il est convenu, dans notre comptabilité administrative, de qualifier de matière première tout ce qui sert de base aux transformations d'une industrie notable. Ainsi on taxera de matière première les fers bruts ou les filés, parce qu'ils sont la matière première du constructeur où du tisseur, bien que, en réalité, ce soient des produits fabriqués ; c'est ainsi que nos tableaux de mouvements commerciaux aux frontières se trouvent parfois masquer la réalité, et que l'on est porté à croire à une activité industrielle sérieuse et à se cacher à soi-même la proportion d'importation réelle et effective des objets fabriqués au dehors. Ceci dit, nous revenons à cette grave question des intérêts des indústries secondaires incessamment en guerre avec l'industrie primaire qui les alimente.

Est-il vraiment bien profitable à la défense d'une industrie secondaire de sacrifier l'industrie primaire qui lui correspond ? Peut-il être sérieusement profitable à la construction des machines qu'elle obtienne librement du dehors les fers bruts qu'elle utilise, et que la métallurgie française disparaisse, ou aux tissages, qu'ils reçoivent librement du dehors les filés qu'ils consomment et que la filature française soit condamnée à fermer ses usines? Telle est en réalité la tendance de chacune des industries secondaires; cette tendance, si elle était outrée, c'est-à-dire pleinement satisfaite, serait, selon nous, regrettable et erronée. Il est facile de voir que l'industrie secondaire n'a pas en elle-même plus de forces que l'industrie primaire. Qu'un tisseur de Lyon, par exemple, se persuade qu'il lui suffit, pour ses tissus mélangés, de recevoir librement les filés de coton étrangers pour pouvoir défier toute concurrence, c'est là une appréciation fausse qui peut correspondre à un résultat momentané ou immédiat, non durable, qui ne le laissera pas moins en infériorité effective quant au fond des choses. Outre qu'il se sera pour toujours privé du voisinage de ses fournisseurs du pays, et par conséquent de cette entente réciproque si féconde en combinaisons spéciales adaptées aux besoins particuliers de ses emplois, il n'obtiendra jamais, en puisant au stock d'usage commun que lui offre l'Angleterre, qu'une matière première renchérie par les pertes de force vive résultant des distances et des intermédiaires à la merci desquels il sera tombé. Les mêmes causes générales qui mettent le filateur français en état d'infériorité comparée, le mettent aussi, lui, tisseur français, dans les mêmes conditions d'infériorité comparée; et le jour où les tisseurs du Lancashire voudront entreprendre la production spéciale dans laquelle il se croit fort et sûr de lui, il se trouvera battu par eux, qui auront conservé tous les avantages, en prix de matières premières, en prix d'outillage, en stabilité industrielle, en puissance commerciale, en voisinage direct de leurs sources alimentaires. Ce n'est pas en se cantonnant dans quelques branches industrielles, accessoires et spéciales, que l'industrie anglaise a grandi, mais bien au contraire en marchant de front sur tous les points. Et il n'en pouvait être autrement, car la chaîne complète est formée de maillons qui se relient et sont solidaires.

On ne saurait concevoir le corps industriel entier atrophié dans quelques-uns de ses membres principaux. Mieux vaut ce corps de petites mais de bonnes proportions, et complet et vivace, que développé inégalement, privé de quelques organes principaux et par conséquent incapable d'une vitalité propre. Il est à peine besoin de dire que, en ce qui concerne la métallurgie française, qu'on condamnerait de même en oubliant de tels principes, le désastre dépasserait toute proportion. Quel pays moderne ayant le sentiment le plus élémentaire de ses besoins, pourrait se décider, de gaieté de cœur, à s'amputer de l'industrie fondamentale qui, à notre époque, tient la clef de toutes les autres, sur laquelle tout, jusqu'à la défense nationale, peut se trouver appuyé.

Cette guerre faite par nos industries secondaires aux industries primaires, n'est fondée que sur un profit immédiat à atteindre et contre toute prévision de l'avenir. L'industrie primaire est la seule raison d'être de sa sœur cadette. Si l'étranger, aidé par nos propres tisseurs ou constructeurs, devait réussir à éteindre notre filature et notre métallurgie, le temps ne serait pas long au bout duquel seraient fermés les tissages et les constructions, qui auraient ainsi créé leur dépendance complète de cet étranger. Pourrait-on imaginer comme durable un régime dans lequel des minerais iraient d'Algérie en Angleterre se convertir en fers bruts, lesquels iraient en France se convertir en machines, lesquels retourneraient à Manchester produire des filés, qui à leur tour viendraient à Lyon se transformer en tissus, lesquels iraient enfin se confectionner à Londres pour le consommateur anglais? Assurément un tel régime ne serait pas durable. Il n'y a donc pas de raison pour que des filés de coton produits à Manchester s'en aillent longtemps à Lyon et à Saint-Étienne se convertir en tissus de soie ou rubans; il y a au contraire mille motifs pour que cette transformation se produise à Manchester même. Ce résultat sera atteint d'autant plus vite que, en face de nos divisions, de nos luttes intestines, apparaît à l'étranger un admirable esprit de solidarité. De même qu'un consommateur anglais se refuserait à acheter un produit français qu'il sait pouvoir être aussi produit dans son pays, de même un fabricant ou un commerçant anglais se refusera à faire à un industriel français les mêmes avantages et concessions qu'à son client anglais. Si par hasard et momentanément ce fait peut se produire, on peut être sûr alors qu'il a été motivé par quelque mobile supérieur, le plus souvent par le simple désir persistant d'écraser l'industrie mère correspondante en France. Mais le jour où cette industrie française aurait rendu le dernier soupir, la différence des taxes se montrerait d'autant plus marquée.

Pour ne citer qu'un exemple de cette solidarité nationale que l'on retrouve à chaque pas à l'étranger, nous noterons au hasard le fait suivant dont nous avons été témoins tout récemment.

Un filateur du Nord, de première marque, dans un moment où les cours des filés anglais avaient une tenue avantageuse et rémunératrice, voulut tenter l'écoulement des siens à Crefeld en concurrence des fils anglais. Ses produits meilleurs, plus réguliers, furent mis au dévidage à l'empaquetage anglais pour ne provoquer aucune suspicion ou prévention de la part du consommateur allemand. Il réussit ainsi, pendant tout le temps où les prix demeurèrent avantageux, à placer une partie de sa production. Ce placement, toutefois, ne pouvait être réalisé que par un commissionnaire connu sur la place ; notre filateur français avait dû au préalable en trouver un qui consentit à substituer ces filés français meilleurs, à une faible partie des produits anglais

de sa vente régulière. Naturellement ces commission-
naires étaient tous anglais, et, à cette occasion, l'esprit
de solidarité qui anime nos voisins se montra pleinement. Un commissionnaire français n'eût pas hésité un
instant pour 1/4 ou 1/2 0/0 de commission supplémen-
taire à accepter cette substitution faite sans aucun
risque, vu la qualité supérieure des filés. Il l'eût fait
ainsi pour des filés anglais à substituer à des filés
français. Cependant notre filateur français dut, en cette
occasion, se décider à subir une commission de 5 0/0
au lieu de celle de 1 1/2 habituelle. Ce ne fut qu'à ce
prix exorbitant qu'il put décider un commissionnaire
anglais à participer momentanément à une faible concurrence faite aux intérêts de son industrie.

Nous sommes, il faut le reconnaître, bien loin de cet
esprit de solidarité nationale, et il faut avoir le courage
de rappeler à ce sentiment beaucoup de nos industries
secondaires, qui n'en tiennent aucun compte. Un peu
de modération dans leur tendance à s'isoler de l'ensemble du corps industriels et à se créer des avantages
immédiats et momentanés par un faible abaissement
de leur matière première, serait en outre et au fond
leur véritable intérêt et la garantie de leur vitalité
future. La métallurgie française, la filature française
de la soie, du coton, de la laine, qui alimentent ou devraient alimenter exclusivement nos industries secondaires, sont-elles vraiment dans une situation brillante
et prospère? Y a-t-il là une sorte de monopole exercé
par ces industries mères sur les industries secondaires?
Cela serait mauvais, certes, si cela existait; mais alors
la prospérité même de ces industries mères en amène-

rait le développement, tandis qu'on les voit, au contraire, languir et décliner, ce qui prouve que, loin d'être soutenues outre mesure, elle le sont trop peu.

Il est un cas particulier dans lequel cette lutte des industries secondaires contre l'industrie primaire est encore plus délicate à envisager sans partialité et au seul point de vue de l'intérêt général du pays. C'est celui qui se rencontre quand l'industrie secondaire produit un article d'exportation, et qu'elle réclame une décharge de tous droits d'entrée sur les produits étrangers qui constituent sa matière première. La nécessité de concourir, dans ce cas, avec les produits d'autres pays qui recevraient ces matières premières avec des charges moindres, est un argument qui paraît sans réplique, et les admissions temporaires en franchise à charge de réexportation paraissent alors le palliatif compensateur tout indiqué.

Nous ne pensons pas cependant que les admissions temporaires soient, dans ce cas, recommandables intégralement et d'une manière générale.

Il faut considérer que ces industries secondaires et leur courant d'exportation se sont créés et développés avant le régime d'admission temporaire qu'elles sollicitent. C'est donc une preuve évidente que ces industries possédaient en elles-mêmes un élément de force particulier qui existe en dehors de cette question de leur matière première. Cet élément consiste, par exemple en une supériorité de goût, au point de vue des dessins et des coloris, ou en une connaissance plus intime des qualités propres et spéciales de la matière première même, qui s'est jusqu'ici produite à leur porte, et leur permet d'en faire des applications mieux calculées, meilleures ou plus économiques. Ces avantages, quels qu'ils soient, qui ont permis à ces industries d'exportation de grandir sous des régimes antérieurs, sous lesquels elles subissaient le sort commun de toutes les industries françaises, ne se sont pas évanouis. Ils sont la conséquence de l'ensemble de la vitalité industrielle nationale et de ses qualités propres. Ces industries secondaires doivent donc et peuvent supporter un certain sacrifice ou une certaine charge à ce point de vue, au profit de cette vitalité générale elle-même qui leur procure indirectement leur avantage particulier

C'est pourquoi, considérant le tort qu'une pleine admission temporaire faite à l'industrie primaire correspondante française, qui se trouve privée d'un de ces débouchés naturels, et frappée par un abaissement de cours qui sera la conséquence forcée de cette introduction sans droits et d'une consommation industrielle qui se portera de préférence vers ces articles d'exportation favorisés; considérant qu'en principe, il est mauvais d'encourager une industrie secondaire à chercher sa matière première au dehors, au détriment du travail national, parce que une industrie de fonds ne doit jamais être sacrifiée ou subordonnée à une autre moins utile et moins solide; par suite nous n'accorderions jamais une complète décharge de droits, mais seulement un droit mitigé, ou plutôt un remboursement d'exportation de 1/2 droits, dans les cas bien prouvés de nécessité absolue. Outre qu'il en resterait un certain profit au Trésor, pleinement justifié par la somme de frais afférents au fonctionnement de ces remboursements, il y aurait encore satisfaction donnée à cet autre principe supérieur que l'échange international étant toujours trompeur au point de vue de la sécurité et au point de vue des forces vives perdues en frottements intermédiaires, l'industrie d'exportation ne vaut jamais pour un pays l'industrie de sa consommation, et que c'est s'abuser, pendant que celle-ci est débordée par des importations croissantes, que d'espérer compenser entièrement le mal causé par une exportation même d'égale valeur.

Car autant est désirable, pour le bien général d'un pays, une exportation active d'un trop-plein, quand l'industrie du pays a fourni à tous ses besoins, autant est illusoire pour ce bien général l'exportation de quelques produits spéciaux, balançant en chiffres de valeur marchande, sur le papier du statisticien, les appels incessants faits au dehors par cette consommation, surtout quand cette importation, ne consistant qu'en produits de luxe, a forcément un caractère précaire.

Nous ajouterons que ce remboursement d'exportation de 1/2 droits d'entrée, fût-il reconnu indispensable, ne devrait jamais être accordé qu'à titre provisoire et pour un délai déterminé d'avance, et calculé suffisant pour permettre à l'industrie, qui a sollicité et obtenu cette exception, de se créer par elle-même les ressources dont l'insuffisance a justifié sa demande.

Ainsi, prenons encore pour exemple les tissages de Lyon et Saint-Étienne et leur plainte d'avoir à subir les droits qui sont nécessaires à la filature française du coton pour se soutenir. Il est certain que la consommation de fils de coton que font ces tissages est assez considréable, si elle était condensée et combinée par eux, pour permettre la création d'une grande et forte usine de filature, faite dans les proportions anglaises, et pouvant produire ces filés dans des conditions de prix de revient presque égales, conditions qui, en tous cas, ne s'éloigneraient des conditions anglaises que d'un écart moindre que les frais de transport et d'intermédiaire qu'il faut accepter sur les filés anglais. Une association convenable des tisseurs de Lyon et Saint-Étienne et la création en commun de grandes usines de filature, et pour leur compte, résoudrait donc bien mieux que tout autre moyen le problème dont ils demandent la solution à l'État, dans une exception en leur faveur. Non seulement leurs intérêts aussi bien présents que futurs, seraient sauvegardés comme aussi leur indépendance à l'égard de l'étranger, mais en même temps le travail national aurait été conservé intégralement, ainsi que tous les avantages d'une organisation puisant dans son ensemble et dans ses proportions mêmes une force exceptionnelle.

Deux ans de demi-admission temporaire pour réaliser ce projet serait donc tout ce que les exigences de ces industries pourraient comporter.

Nos publicistes ou nos hommes politiques qui se font des théories de libre échange pur et absolu, qui voient dans l'application de ces théories le bonheur du monde, qui font d'elles un principe devant être mis au-dessus de toute discussion de faits, sont comme les philosophes qui parlent de paix universelle et de désarmement général entre les nations. En ce qui concerne les produits industriels, les réalités qui dominent l'existence des nations sont malheureusement en désaccord complet avec les théories séduisantes de ces économistes qui s'attachent à un idéal cosmopolite irréalisable.

Le consommateur n'est pas seul le grand nombre comme ils le pensent ; nous avons montré que le consommateur et le producteur ne font qu'un ; seulement chaque individu ne produit qu'une chose et consomme un peu de tout, de telle sorte qu'il n'est pas possible de séparer l'intérêt du consommateur de celui du producteur.

La gravitation des produits d'un point à un autre du globe ne se fait pas dans des conditions théoriques, idéales, comme celle des corps célestes dans l'immensité, c'est-à-dire sans frottements, de telle sorte que les bienfaits du commerce sont toujours à affecter d'un coefficient de réduction souvent énorme. Il y a les pertes de force vive que nos théoriciens négligent, qui résultent des frottements, frottements matériels provenant des transports que nos inventions modernes ont modifiés considérablement comme temps et comme quantité, mais peu comme résistance et comme prix, et frottements non matériels qui résultent de l'intervention des intermédiaires toujours avides, et au guet pour retenir à eux le bénéfice qu'espère le consommateur.

Pas plus au point de vue industriel qu'au point de vue politique, le monde n'est constitué par une seule grande famille unie, dont tous les membres sont animés d'une bienveillance et d'une abnégation réciproque idéale. Le monde industriel est divisé en nations ennemies comme le monde politique. Ce monde industriel, que l'on appelle celui des luttes pacifiques, est en réalité le théâtre d'une guerre passionnée, furibonde. La lutte pour la vie s'y montre sous une forme qui, pour être moins brutale, n'en est pas moins plus acharnée, plus impitoyable que dans une bataille rangée. En industrie, le libre échange international pur ne peut se concevoir qu'au seul profit de la nation la plus forte industriellement. Que l'Angleterre fasse valoir astucieusement le soi-disant intérêt de notre consommateur, elle est dans son jeu en faisant miroiter à nos yeux les facettes de cette séduisante théorie. Ce jeu est le seul possible pour elle, qui, pour n'avoir pas su modérer à temps son excessif développement industriel, voit par degrés une pléthore maladive remplacer son excessive prospérité passée. Mais que nous nous y laissions prendre, cela ne se conçoit pas. La libre concurrence doit s'arrêter aux frontières du pays qui renferme une grande famille. Au delà de ces frontières est l'ennemi. A nous de savoir ne lui ouvrir la porte que pour ce qui nous est indispensable, que dans la limite où l'échange nous profite, où la concurrence extérieure peut servir de régulateur, tempérer certains excès d'appétits individuels accidentellement possibles. Pour ces derniers, et à notre époque, la situation industrielle actuelle ne permet guère d'en prévoir l'éventualité. En tout et toujours, la production nationale est le point important à ménager, car le travail se fera rare, d'autant plus rare, que toutes les industries, en se perfectionnant, arrivent incessamment à réduire la quantité de travail nécessaire pour une unité de produit.

Toutefois, nous nous hâtons d'ajouter que le raisonnement que nous avons développé ici à propos des produits de l'industrie, nous ne saurions l'étendre aux produits de l'agriculture, et surtout aux produits alimentaires de première nécessité. La question, au sujet de ces derniers, se pose en effet d'une manière toute différente, et on ne pourrait plus dire : « Chacun produit une chose et consomme un peu de tout », car ce peu consommé joue alors un rôle d'une importance exceptionnelle par rapport à toutes autres productions. Pour les classes peu aisées, les produits alimentaires principaux forment la partie la plus importante du passif de leur budget, car chacun, riche ou pauvre, les consomme sur une échelle presque égale, ce qui n'est pas du tout le cas en ce qui concerne les produits industriels, dont la consommation est très limitée pour l'élément indispensable, et toujours facultative au delà.

Il en résulte que la production agricole alimentaire, dans ses éléments les plus importants, comme le bétail et le blé, ne peut pas être défendue dans le sens douanier. D'ailleurs, si on réfléchit que, en agriculture, le producteur se trouve chargé d'une somme de frais importante provenant de la valeur attachée au sol même, on reconnaîtra que cette défense de l'agriculture, dans le sens douanier, est presque impossible et qu'elle est même inutile. La valeur attribuée à la propriété du sol est ici la cause principale du renchérissement comparé du prix de revient, et cette valeur est absolument factice et conventionnelle. Ce sol existe de fait, il ne s'use pas, il n'est pas à créer ni à renouveler comme une usine, mais seulement à aménager, à exploiter. Cette valeur qu'on lui attribue n'est nullement à mettre en regard de la dépense positive, matérielle, irréductible de la création d'une usine ; cette valeur est, nous le répétons, toute conventionnelle. Le détenteur du sol, l'estimant ou l'ayant payé trop haut, en demande un intérêt qui, tout en paraissant modéré, est excessif. Ce que l'on appelle les souffrances de l'agriculture se résume dans ce phénomène inévitable de l'abaissement de valeur de notre sol agricole, mis, par la facilité des transports modernes, à faible distance effective des immenses territoires où un sol tout aussi propice n'a qu'une valeur insignifiante. Il ne pourrait y avoir d'artifice capable d'empêcher efficacement l'évolution de ce phénomène de nivellement entre deux valeurs conventionnelles, l'une élevée, l'autre presque nulle, attribuées en deux points différents, à deux surfaces de sol égales et d'égale valeur intrinsèque.

On voit donc que, ici, le producteur est à distinguer ou à considérer à deux points de vue, comme producteur proprement dit et comme détenteur du sol. Ce n'est pas le producteur proprement dit qui souffrira de cette évolution inévitable qu'aucun palliatif n'empêchera, c'est le détenteur du sol. Et si l'on voulait qualifier de producteur ce dernier, il faudrait alors, pour lui appliquer notre raisonnement, reconnaître que, à son sujet, on ne peut confondre en un seul individu-type le consommateur et le producteur comme pour les produits industriels, car ici les deux fonctions seraient représentées par deux unités de valeur très différente, l'une étant réelle, l'autre exagérée par une convention. Ici donc l'intérêt du consommateur serait bien celui de tout le monde, et l'intérêt du producteur c lui d'une seule fraction.

Donc, au point de vue agricole alimentaire, la libre concurrence même extérieure s'impose. Il est sans doute malheureux que le morcellement extrême du sol, dans notre pays, rende d'autant plus considérable le nombre des individus de la grande famille française appelés à subir cette dépréciation de leur fortune. Quels que soient les regrets que l'on éprouve de cette dépréciation, il faut savoir la reconnaître comme irrémédiable, et chercher ailleurs que dans des droits d'entrée la protection à donner à notre agriculture.

Mais notre intention n'était pas de toucher à la question agricole dont nous n'avons dû dire un mot qu'incidemment, et pour la distinguer absolument de la question industrielle ; car c'est en voulant réunir ces deux questions sous une même toise au point de vue de la liberté des échanges, que l'on est amené souvent à des conclusions fausses. Cette question agricole est d'ailleurs assez triste dans ses rigoureuses conséquences, pour nous rendre d'autant plus attentif sur les questions industrielles auxquelles nous nous hâtons de revenir.

En résumé, le législateur de 1860 et de 1882 avait cru ne sacrifier que l'intérêt ou que le bénéfice jalousé de quelques grands industriels à ce qui semblait être l'intérêt du consommateur. Il n, de fait, dans une certaine mesure, compromis l'actif du budget de ce consommateur, sans nullement réussir à soulager son passif qui ne fait que croître par le développement des fonctions intermédiaires.

Nous préférons de beaucoup l'abaissement des prix résultant d'une concurrence intérieure à celui qui est espéré d'une concurrence extérieure trop facilitée. Le premier est le seul profitable de tous points au bien-être du pays, et il serait, on le voit, très dangereux, au contraire, de suivre sans mesure cette tendance à braver, sur un pied d'égalité, la concurrence de pays étrangers, où, de longue main, l'industrie, favorisée par des conditions naturelles, s'est outillée et développée, dans des proportions dont nos législateurs ne peuvent comprendre la puissance.

Nous ne désirons d'ailleurs, pour notre industrie française, qu'une situation bien équilibrée contre les avantages de ces industries étrangères et contre les coups de liquidation qu'elles nous portent dans leurs moments de pléthore. Nous n'entendons nullement par là une situation privilégiée, de protection outrée, qui nous permette de prospérer dans des conditions routinières, indolentes et en négation du progrès général !

Mais notre industrie mérite-t-elle ces reproches de non-activité, d'inintelligence qu'on lui adresse trop souvent à la légère? Nous ne le pensons pas, quoique nous ayons souvent l'occasion de comparer nos usines et celles du dehors. Les nôtres sont beaucoup plus faibles parce qu'elles sont forcément beaucoup plus petites. Là est la différence principale en tant que constitution. Mais, en général, nos industriels tirent aussi bon parti que possible des éléments dont ils disposent, dans les conditions difficiles qui leur sont faites. En général, le progrès est suivi par eux avec réflexion, à propos et opportunité, souvent même il est devancé par eux. Il est trop de mode, dans notre presse surtout, de leur jeter la pierre, sous le couvert de ce mot sonore de liberté, sous l'influence de ce désir de flatter les idées superficielles de lecteurs inconscients, et de cette nécessité de parler de tout, au jour le jour, même de ce que l'on ne connaît pas.

Sans doute on peut trouver, par exception, quelques usines arriérées faisant tache sur l'ensemble de leur industrie ; mais de telles exceptions se rencontrent en tout pays même les plus avancés ; il faut juger l'ensemble, et, dans l'ensemble, l'industriel français a toujours fait les efforts que lui permettait sa situation.

L'enquête de 1860 a montré suffisamment qu'il ne protestait pas contre l'abolition d'un privilège inutile, que tout, pour lui, était une question de mesure.

Il faut, avant tout, a-t-il dit, que son propre marché lui soit rendu défendable, et cela est vrai. Ce marché lui est indispensable ; c'est pour lui le point d'appui, le terrain solide sur lequel l'arbre peut étendre ses racines, pour épanouir ensuite ses branches au delà des frontières du pays. En général, on n'a pas toujours rendu à l'industrie française son propre marché défendable, ce que l'invasion des produits étrangers prouve surabondamment. Nous sommes convaincu que l'on n'a pas apprécié à leur juste valeur les causes d'enchérisse-

ment spéciales, les charges particulières qui pèsent sur
nos industries, et qui sont la conséquence d'un ensemble de faits généraux qu'elles doivent subir sans
pouvoir les modifier. Nous sommes fondés à le croire
et à considérer comme très inégales les appréciations
qui ont servi de base à nos tarifs, quand nous voyons,
par exemple, les produits métallurgiques, les produits
textiles très insuffisamment couverts, les machines
absolument découvertes, puisque les droits qui les con-
cernent ne sont que l'équivalent de ceux des métaux
bruts. Peut-on espérer, par l'adoption de tels tarifs,
forcer nos industriels à faire des réformes qu'ils négli-
geraient? Évidemment leur intérêt à faire des réformes
opportunes, qui seront une source de bénéfices, cet
intérêt existe par lui-même. Il est un mobile beaucoup plus puissant qu'un acte de force qui, en leur
ôtant l'espoir et la confiance, les détourne de toute
mise de fonds nouvelle qu'exigeraient soit ces réformes,
soit la création de nouvelles usines. Des tarifs trop
bas ne peuvent donc avoir d'autre effet sur eux que
de leur imposer le désir de laisser subsister un *statu
quo* absolu, jusqu'à des temps meilleurs. Cela est
d'autant plus regrettable que beaucoup de nos industries, soit par un hasard malheureux, soit par un
manque de prévision explicable aux débuts de l'industrie, se sont trouvées créées et portées à leurs déve-
loppements successifs dans des régions particulièrement
fertiles et propices à l'agriculture. A part les Vosges,
où l'industrie textile a pris un développement très
approprié et tout à fait compensateur de l'ingratitude
du sol, ailleurs, cette même industrie s'est cantonnée

surtout en Normandie et dans le Nord, régions agricoles par excellence. Tandis qu'en Angleterre l'industrie venait féconder des régions stériles, trop souvent
chez nous elle venait donc sur un même point créer
une concurrence surabondante de main-d'œuvre, lais-
sant les parties stériles du territoire dans leur pau-
vreté primitive. Certains déplacements de nos industries, ou la naissance de certaines industries en des
points particuliers, comme, par exemple, celle que nous
avons citée de la filature de coton dans la région de
Lyon et Saint-Etienne, seraient éminemment désira-
bles. L'étude de ces déplacements ou de l'introduction de certaines industries dans certaines régions
déterminées, et l'encouragement à leur donner seraient
nécessaires. Toujours est-il que la plus indispensable
des conditions pour atteindre ce résultat, c'est une
confiance dans l'avenir, confiance qui n'existe pas, et
que menacent incessamment les idées qui ont cours
en matière de libre-échange pur appliqué à l'industrie.
Il faudrait, avant tout, que le pays fût bien assuré
que, non seulement on n'ira pas plus loin dans cette
voie, mais que, en outre, certaines erreurs commises
seront corrigées.

Nous terminons ces considérations sur nos tarifs
de douane.

La France est un pays naturellement bien doué et
bien placé au point de vue industriel comme à tous
les autres. Cependant, s'il n'est presque aucune production importante qui ne puisse y être entreprise
dans des conditions satisfaisantes, il n'en est presque

aucune qui puisse l'être dans les conditions économiques les meilleures possibles. Faudrait-il en conclure qu'il faut les abandonner toutes, pour laisser ces produits venir des régions où, pour chacune, le maximum d'économie possible peut être obtenu? Nous l'avons dit, l'avantage que l'on en espérerait pour le consommateur se perdrait dans les caisses de quelques intermédiaires. Mais, en outre, il faudrait pouvoir faire de nous, d'abord, un peuple de rentiers. Si nous devions nous résigner à voir exclusivement, dans un avenir prochain, les filés, tissus, de laine, de coton, les machines venir d'Angleterre, les soieries et articles de Paris venir d'Allemagne et de Suisse, les meubles d'Autriche, etc., que nous réserverions-nous de produire d'utile? Quels seraient les produits dont la réalisation pourrait supporter nos tarifs abaissés, nos charges particulières, nos conditions naturelles plus difficiles, le renchérissement excessif de notre existence, et les exigences de nos ouvriers modernes? Avec quelle activité productrice alimenterions-nous enfin la bourse qui devrait payer ces importations devenues générales, dominantes? Avec la production exclusive des produits de luxe, toilettes, tableaux, objets d'art, objets de haute fantaisie, pièces de théâtre! Ce qui ne doit absorber qu'une faible portion de l'activité d'un peuple, serait devenu notre unique travail possible. Qu'il survienne une crise, qu'un simple changement de mode porte un instant la toilette des femmes vers le goût anglais comme celle des hommes, qu'une guerre éclate,, que le luxe du monde se ralentisse un instant, nous verrions le pays affamé, réduit aux abois, le Sedan industriel serait réalisé de tous points.

VII

Mais nous n'insisterons pas davantage sur ce côté de la question industrielle. Nous en avons suffisamment caractérisé l'importance, pour montrer que l'État ne peut se désintéresser de la situation faite aux grandes industries fondamentales, et que des traités de commerce étant des armes à double tranchant, sur l'utilité desquelles on se fait illusion, et sur les dangers desquelles on n'a jamais l'œil assez ouvert, de telles questions ne doivent jamais être réglées par lui qu'avec une excessive prudence, avec une extrême méfiance des théories idéales, et des conséquences séduisantes qui paraissent au premier abord devoir en résulter.

Il est aisé de voir, par ce qui précède, que tout, depuis vingt-cinq ans, a contribué à rendre notre situation industrielle de plus en plus difficile.

A ce sujet tout est à faire, et dans ce tout nous insisterons encore sur la question de l'éducation commerciale et industrielle même spéciale, dont l'État ne saurait se désintéresser, au moins dans les grandes directions.

Nous disons éducation commerciale et industrielle, parce que, en effet, le point de vue commercial prime toujours le point de vue industriel, bien que celui-ci soit par lui-même un moyen d'action plus intéressant que tout autre, parce qu'il représente pour le pays une bien plus grande somme d'intérêts desservis et alimentés que tout autre.

Il est bien clair qu'une usine, et les transformations qui s'y produisent, n'ont pour but qu'une transaction de commerce. Nous ne partageons pas l'avis d'un habile financier, qui disait récemment : « L'industrie est devenue commerciale. » Ce mot, cette idée est fausse en elle, en ce que l'industrie est toujours, a toujours été commerciale. Dans une certaine mesure, on pourrait dire, au contraire, qu'elle tend à le devenir moins qu'autrefois, et la grande industrie anglaise en fournit la preuve, puisqu'une des causes de sa force exceptionnelle a été précisément la réduction de la partie commerciale (dans l'usine) à sa plus simple expression. Mais l'opération industrielle ne peut se concevoir séparée d'une opération commerciale ; cette dernière domine l'ensemble de l'œuvre journalière en ce sens que, malgré la perfection que peut atteindre l'opération industrielle, cette opération peut aboutir à des résultats brillants, médiocres ou même onéreux, selon que l'autre opération aura été plus ou moins heureuse et réussie. D'ailleurs, si la grande industrie anglaise dont nous parlons a pu, avec grands avantages, simplifier, presque supprimer, l'élément commercial de son exploitation, c'est que, à côté d'elle, se trouve un puissant groupe de commerçants, qui se joint à elle, au point de vue de l'évolution complète nd produit. Nous aboutissons donc en réalité à une conclusion tout aussi accentuée que le financier dont nous parlions, et nous réclamons avant tout, pour la propagation de l'éducation commerciale, sa diffusion et son organisation sur des bases étudiées avec tout le soin qu'elle mérite en première ligne.

On l'a dit bien souvent, le baccalauréat ès lettres et
son programme dominent d'une manière fâcheuse
l'éducation de notre jeunesse aisée. Insuffisance de ce
programme sous le rapport des connaissances scien-
tifiques utiles, nullité de ce programme dans le domaine
commercial et industriel et dans celui des langues
vivantes, surabondance dans le domaine littéraire, sont
des faits gros de conséquences: Car, dans nos mœurs,
ne pas passer son baccalauréat est une tare pour un
jeune homme d'une certaine situation. Par cela même,
cet examen, sur un tel programme, devient un détour-
nement effectif des carrières commerciales et industrielles pour toute notre jeunesse d'élite.

Si, à une modification importante de ce programme,
on joint l'organisation de l'enseignement commercial
supérieur, on n'aura fait que l'indispensable au point
de vue d'une éducation générale favorable à la prospérité matérielle du pays.

Toutefois, s'il est du devoir de l'État de provoquer,
d'assurer cette organisation rapide et bonne de l'enseignement commercial, comme il n'exige ni ne nécessite
la solution de problèmes nouveaux, ni des dépenses
particulièrement graves, soit de création, soit de maintien, nous pensons que, en bien des points du pays,
les ressources privées locales peuvent pourvoir à l'éta-
blissement des écoles commerciales, comme cela a eu
lieu déjà en diverses villes, et qu'ainsi ces écoles pour-
ront d'autant plus rapidement se multiplier au plus
grand profit du pays, et se créer précisément dans les
centres industriels, où elles sont le plus nécessaires.

Il n'en est pas de même des Écoles industrielles spéciales que nous considérons comme indispensables à la gravitation satisfaisante de notre industrie. Il est facile de voir que la conception de telles Écoles aboutit à des établissements bien autrement compliqués, difficiles, dispendieux, et que l'intervention directe de l'État et des sacrifices financiers sérieux de sa part sont indispensables.

Mais d'abord nous voulons noter ici quelques arguments plus précis en leur faveur, en montrer la nécessité et les avantages, surtout en les adaptant à l'âge intermédiaire qui sépare la sortie de l'École primaire de la période de travail actif ou de l'entrée dans les Écoles supérieures.

Quelle est la première plainte d'un industriel français quand on lui parle de son personnel? C'est de manquer de bon contremaîtres. Cette plainte est unanime, générale à toutes les industries. Entre l'ouvrier qui fait l'ouvrage proprement dit, et les chefs ou directeurs qui combinent, prévoient et alimentent le roulement du travail, se place cette personnalité plus modeste, mais indispensable, de l'homme de confiance qui suit le détail du travail, le contrôle, en assure la méthode ou le soin ou la justesse; qui, pénétré à la fois de toutes les exigences que motive le produit industriel en vue, et de celles que motive le bon ordre d'une usine, suppléé incessamment, par sa présence auprès d'un groupe plus ou moins important d'ouvriers, à l'insuffisance de capacité, de stabilité de ces ouvriers, forme le trait d'union entre les opérations successives et entre les ouvriers et les chefs.

Le contremaître doit posséder toute l'expérience d'un ouvrier parfait, et posséder en outre une supériorité d'instruction et de caractère suffisante. Le plus souvent, c'est parmi les ouvriers mêmes qu'il est choisi par les chefs pour remplir ce poste. Aucun autre moyen ne se présente à nos chefs d'industrie pour former un contremaître. On a prétendu que nos écoles d'arts et métiers étaient destinées à fournir ce personnel, pour les arts mécaniques, ou au moins pour la construction des machines, qui forme l'objectif principal de ces écoles ; mais il n'en est rien : ces écoles ne s'appliquant qu'à un âge trop avancé, et l'élève en sortant à près de 20 ans, on conçoit aisément que des jeunes gens qui ont consacré leur jeunesse entière à des études préparatoires, ne puissent borner leur ambition au rôle modeste de contremaître. Si, exceptionnellement, ils débutent ainsi, sans même en remplir toutes les conditions comme expérience, ils ne tardent pas à viser plus haut. En réalité, ces écoles très utiles, trop peu nombreuses même, ont fourni des directeurs, des ingénieurs et jusqu'à des chefs de l'ordre le plus élevé. L'industrie n'a, pour trouver ses contremaîtres, que la ressource d'un choix judicieux parmi ses ouvriers. Cette ressource est, chez nous, le plus souvent des plus limitées, et ce n'est pas au sortir de l'école primaire, de 13 à 18 ans, que la personnalité d'un jeune ouvrier peut s'affirmer avec quelque certitude. C'est à peine si, quand arrive l'âge du service militaire, ce jeune homme supposé plus capable que la moyenne, aura pu attirer l'attention de ses chefs, être en quelque sorte noté pour eux. Rien pour lui, en tout cas, ne lui inculque ce sentiment

d'une mission de choix à laquelle il pourrait viser. Il
va faire son service militaire, en revient après quelques
années, sans entrain, sans ardeur, comme tout autre
ouvrier, si toutefois, encore, rien pendant ces années
ne l'a détourné de son retour naturel vers l'usine où il
a grandi. Il y reprendra, dans ce cas, un service d'ouvrier, et ce ne sera que quelques années après, si ces
qualités primitives n'ont pas disparu et viennent à s'affirmer que, à un moment donné, il pourra se trouver
appelé à un poste de choix. Il le remplira, en général,
médiocrement, n'ayant acquis que par routine certaines notions indispensables, n'ayant qu'incomplète-
ment le sentiment de la responsabilité et étant déjà
trop mûr pour s'habituer à fournir cette quantité d'effort cérébral qui doit remplacer désormais, pour lui,
l'effort matériel.

L'industrie anglaise, à laquelle on est toujours amené
à comparer la nôtre, a pour ses contremaîtres comme
pour ses ouvriers, cet immense avantage de *n'avoir
pas de service militaire*. L'ouvrier est stable, se perfec-
tionne sans interruption pendant toute sa jeunesse ;
de 22 à 24 ans, l'ouvrier de choix est tout prêt, tout
entraîné, pour passer à un poste de confiance et le
remplir dans les meilleures conditions.

La difficulté de trouver ces contremaîtres ne serait
plus la même pour l'industrie française, si, à la suite de
l'école primaire se trouvaient les écoles professionnelles
d'âge intermédiaire où les meilleurs sujets de l'école
primaire trouveraient un accès, et le complément d'instruction appropriée, qui les mît de suite, dès leur en-
fance, à un niveau différent de celui du simple apprenti.

L'école professionnelle ne gardât-elle ces enfants que deux ans, jusqu'à 15 ans, les apprentis de choix en sortiraient avec ce supplément d'instruction et ce sentiment d'une visée un peu plus élevée qui serait le germe de leur aptitude ultérieure à un poste de choix dans les rangs ouvriers.

L'école professionnelle, d'ailleurs, ne se fermerait pas pour eux à cet âge. Par une combinaison rationnelle des programmes, elle pourrait se prolonger, pour les meilleurs sujets, encore pendant une période de deux années, de manière à atteindre l'âge de 16 ans, auquel s'applique le mieux l'entrée dans les écoles d'arts et métiers ou analogues, et servirait ainsi d'intermédiaire comblant la solution de continuité qui existe actuellement entre ces écoles d'arts et métiers et l'école primaire.

Les écoles professionnelles dont nous parlons seraient-elles spécialisées pour telle ou telle industrie ? La question est complexe. Nous pensons qu'elles devraient l'être, au moins dans une certaine mesure et pour quelques grandes directions principales, variant selon les tendances déjà existantes, dans la région visée, pour telle ou telle industrie.

Nous ne pouvons entrer ici dans le détail d'examen des programmes et des installations, ni du régime de telles écoles.

Toutefois, en ce qui concerne les programmes, si l'on réfléchit qu'à côté de l'instruction primaire complétée, la physique, la chimie et la mécanique, envisagées à un point de vue pratique, sont le fond de tous les arts industriels, on reconnaîtra que les programmes généraux d'étude seraient assez uniformes, quelles que soient la région et la nature des tendances industrielles de cette région.

Ces programmes ne seraient d'ailleurs pas en eux-mêmes dénués de souplesse. La chimie, par exemple, peut assurément être traitée suivant des inflexions plus ou moins accentuées, soit vers la teinture, soit vers la céramique ou la métallurgie. L'enseignement de l'arithmétique, de la géométrie, de l'économie industrielle, du dessin ordinaire, les notions sur les matériaux, métaux et bois, sont du domaine de toutes les industries.

Pour la mécanique enfin, elle est de plus en plus indispensable à tous les arts industriels, et pour tous on peut être assuré de ne jamais rendre l'ouvrier trop mécanicien. Si pour cette partie on dirige l'étude des élèves vers la cinématique pure avec toutes ses ressources si variées et si complexes, vers la connaissance générale des fonctions, des efforts, des vitesses, des formes et proportions des pièces, enfin si, par une familiarisation intime avec les principes de géométrie descriptive en tant que projection et rabattements, on amène ces élèves à posséder un crayon et un œil exercés, à se reconnaître dans les épures compliquées des machines modernes, on peut être assuré de faire une besogne de haute utilité pour toute industrie. Quant à la direction spécialisée que viserait telle ou telle de ces écoles, elle serait marquée bien plutôt dans les démonstrations choisies à titre d'exemple, qui devraient être prises dans les industries visées. Ce seraient surtout les exercices pratiques qui doivent accompagner les études qui seraient à spécialiser. Ce point est une des difficultés les plus sérieuses de l'installation d'écoles professionnelles, en ce qu'il [peut mener à des complications excessives, par la nécessité de créer des sortes d'usines modèles dans l'école.

Un grand nombre de villes à l'étranger ont suivi cette marche. Bradford, Crefeld, Zurich et beaucoup d'autres ont créé des établissements considérables et extrêmement dispendieux, notamment au point de vue du tissage. Nous craindrions que de telles installations, multipliées pour des spécialités diverses, ne fussent un obstacle sérieux à la propagation rapide et à la multiplication de ces écoles professionnelles, que mieux vaut avoir disséminées, nombreuses et petites que rares et de proportions grandioses.

Nous pensons qu'il sera possible d'éviter ces complications par des arrangements personnels avec les industriels installés dans la localité, pour tout ce qui concerne les exercices pratiques spécialisés, qui se feraient dans les usines mêmes, un, deux ou trois jours par semaine.

Ainsi, une subvention annuelle modérée, donnée à un ou quelques industriels de la localité pour organiser et entretenir dans leur usine un compartiment d'étude, remplirait le but. L'école n'aurait jamais à pourvoir ainsi qu'aux installations d'exercices ayant un caractère général, visant la chimie, la physique et la mécanique, et aux instruments de démonstration appropriés aux cours.

« Le régime de ces écoles devrait inévitablement être combiné d'externat et d'internat, car il faut qu'elles

soient abordables à des enfants français venant de
régions non encore industrielles ou l'étant dans un ordre
différent.

VIII

Nous n'avons pas la prétention d'avoir touché dans
ces quelques pages à toutes les difficultés qui enserrent
notre industrie. Les questions de transport, de tarifs
de nos chemins de fer, des octrois dans nos villes, de
la marine marchande, au point de vue de nos exportations et tant d'autres, exigeraient des volumes.

Nous n'avons voulu que signaler celles qui, depuis
ces dernières années, ont pris un caractère plus
menaçant, et sont venues aggraver les conditions déjà
difficiles préexistantes.

Toutefois, nous voulons encore ici montrer, par
quelques chiffres, combien notre situation industrielle
est devenue critique, et cela en quelques années.

En 1875, notre importation totale était de 3,536 millions de francs, notre exportation totale de 3,872 millions,
présentant un excédant annuel de 336 millions.

En 1883, notre importation totale se trouve s'être
élevée graduellement à 4,804 millions, notre exportation est descendue au contraire à 3,451 millions et se
trouve donc être en déficit annuel de 1,353 millions.
Commenter de tels chiffres serait superflu, aussi n'est-
ce point ici notre désir, leur importance est assez

frappante pour que chacun s'en préoccupe et en comprenne le sens.

Ce qui, au contraire, apparaît moins clairement, ce que nous voulons dégager de nos statistiques commerciales, ce sont les chiffres concernant nos opérations industrielles, et le caractère particulier qu'ils présentent.

Pour les trouver, nous devons modifier notablement le groupement sous lequel l'administration des douanes nous fournit ses chiffres de statistique.

Cette administration a admis trois groupes principaux :

1° Objet alimentaires ;

2° Objets fabriqués;

3° Matières premières pour l'industrie.

Or, nous l'avons dit précédemment, cette administration sous la rubrique « matières premières nécessaires à l'industrie » classe une quantité de produits qui sont des objets fabriqués provenant d'industries importantes des plus caractérisées.

D'autre part, une autre quantité importante de produits fabriqués sont égarés dans le classement des produits alimentaires. Enfin et parfois certains articles se trouvent encore classés dans l'un ou l'autre des trois groupes, dans des conditions d'erreur bien évidente. Ainsi on voit figurer parmi les matières premières nécessaires à l'industrie, les chevaux et les fourrages, non sans étonnement. Ainsi encore les soies grèges, les fontes et les fers en barres, les houilles, etc. Tous produits d'industries majeures sont classés comme matières premières. Dans ce même groupe nous trouvons encore à la fois, les huiles, produits des graines oléagineuses, et ces graines qui en sont la matière première. Enfin les produits d'industries majeures parfaitement caractérisées, telles que la sucrerie, la raffinerie, la brasserie, la distillerie, la confiserie sont sortis du groupe des objets fabriqués comme produits alimentaires.

On comprend donc que nous ayons dû, pour dégager notre situation industrielle, refaire un groupement plus rationnel.

C'est ainsi que, recherchant quelle est, en 1883, la somme totale de nos *importations* en produits fabriqués, nous nous voyons obligés d'ajouter au chiffre de 701 millions que nous fournit l'administration des douanes, un autre chiffre de 815 millions égarés par elle dans d'autres groupes. Ensemble 1,519 millions.

De même, recherchant la somme totale de nos importations en 1883 de matières premières pour l'industrie, nous sommes obligés de ramener le chiffre de 2,278 millions de l'administration des douanes à celui de 1,566 par des déductions nécessaires.

D'autre part, recherchant pour la même année la somme de nos exportations en produits fabriqués, nous voyons le chiffre de 1,813 millions de l'administration s'accroître cette fois à celui de 2,202 millions.

Recherchant enfin la somme de nos exportations, en 1883, en matières brutes pour l'industrie, le chiffre de 655 millions fourni par l'administration devient seulement égal à 450 millions.

Le mouvement industriel de 1883, à nos frontières, est en réalité représenté par les chiffres résumés suivants :

	Importations.	Exportations.
Produits industriels.	1,519 millions	2,202 millions
Matières brutes. . .	1,566 —	450 —
Totaux. . . .	3,085 millions	2,652 millions

Notre mouvement industriel de 1883 est donc en déficit de 433 millions ce qui est déjà fort grave assurément.

Ce qui l'est plus encore, c'est la manière dont le résultat déjà si fâcheux de cette balance est obtenu.

En effet, si dans les éléments de cette balance nous recherchons quels sont ceux qui ont un caractère d'utilité (nous ne voulons pas dire de nécessité, cela nous forcerait à de trop grandes réductions, nous dirons seulement d'utilité), par conséquent de sécurité, en tant que stabilité éventuelle, nous constatons ce qui suit :

Dans le chiffre de 1,519 millions de nos importations de produits industriels il entre, très approximativement, 400 millions de soies grèges, porcelaine, tissus de soie, orfèvrerie, carosserie, métaux préparés, etc., ou produits correspondants à des industries ou à des consommations de luxe, pouvant avoir à un moment donné un caractère précaire.

Dans nos importations de 1,566 millions de matières brutes pour l'industrie, il entre à peine pour 42 millions de matières ayant ce même caractère de superfluité bien marquée (plumes pour parures, écailles, nacres, etc.).

Au contraire, dans notre exportation comprenant 2,202 millions de produits industriels, on ne peut compter moins de 940 millions de produits à caractère bien marqué de superfluité, en soie et tissus de soie, bimbeloterie, orfèvrerie, bronze d'arts, parfumerie, spiritueux préparés, glaces, confections, modes, etc., etc.

De telle sorte que, dans notre importation industrielle totale de 3,085 millions, tout, à 440 millions près, a un caractère d'utilité, nous dirions presque de nécessité. En même temps, notre exportation industrielle totale n'atteint le chiffre de 2,652 millions, déjà trop faible de 433 millions pour balancer l'importation, que par l'appoint de l'énorme portion des 940 millions de produits de luxe, à caractère de superfluité.

En 1884, notre bilan industriel n'est guère moins moins mauvais.

	Importations.	Exportations.
Produits industriels.	1,329 millions	2,111 millions
Matières brutes. . .	1,585 —	466 —
Totaux. . .	2,914 millions	2,577 millions

d'où résulte un déficit de 337 millions.

Sur les importations, 33 millions pour les matières brutes et 301 pour les produits industriels, soit ensemble 334 millions, correspondant à une consommation ou à des industries de luxe.

Sur les exportations, 930 millions au contraire ont ce caractère.

Il en résulte que, non seulement le mouvement industriel de 1883 et 1884 dénote un déficit sérieux et inadmissible à la longue, mais il dénote en outre une situation excessivement précaire au point de vue de son maintien en cet état déjà si triste. Il est bien certain que la consommation du monde tend à se restreindre, sinon au nécessaire, du moins à l'utile. Il est bien certain aussi qu'en tous pays il se développe un sentiment d'indépendance industrielle qui fait désirer à chacun de suffire par lui-même à sa propre consommation, et de ne demander à l'étranger que le moins possible, que ce qui répond à un besoin réel et ne peut matériellement être produit par le pays. Nous sommes donc menacés pour l'avenir d'un déficit bien supérieur à celui qui nous apparaît pour 1883 et 1884, et ce déficit annuel pourrait, les circonstances aidant, atteindre 900 millions à un milliard, en dehors de celui que nous crée annuellement le mouvement des produits alimentaires agricoles.

A part l'industrie de la laine peignée, qui a pris un bel essor, aujourd'hui complètement arrêté, toutes nos grandes industries utiles ont été depuis vingt ans en déclinant. L'industrie existante vit au jour le jour et sans espoir, et notre timide initiative actuellement se réduit à ce qui, par hasard, peut surgir de tout à fait exceptionnel. Il n'y a plus de confiance industrielle ; bientôt nous subirons sans résistance l'envahissement étranger. Si vraiment nous nous laissions aller à une telle abdication sur une échelle un peu sérieuse, si en même temps, comme cela est à craindre, la consommation générale tend à se resserrer, il est permis de se demander quel sera alors le sort de nos populations ouvrières, et quel sera la situation financière de notre pays.

Février 1885.

Jos. IMBS

PROFESSEUR DE FILATURE ET TISSAGE AU CONSERVATOIRE
DES ARTS ET MÉTIERS